I0096395

lingoXpress

WILLKOMMEN

Dieses Buch wurde mit dem Anfänger im Blick entwickelt und bietet eine solide Grundlage in wesentlichem Wortschatz und wichtigen Redewendungen, um Ihnen zu helfen, alltägliche Situationen in einer neuen Sprache selbstbewusst zu meistern.

Sprache ist mehr als nur ein Kommunikationsmittel; sie ist ein Tor zum Verständnis anderer Kulturen, zur Verbindung mit Menschen und zur Erweiterung Ihres Horizonts. Egal, ob Sie sich auf eine Reise vorbereiten, Ihre beruflichen Fähigkeiten erweitern oder einfach ein persönliches Interesse verfolgen, das Erlernen einer neuen Sprache kann eine unglaublich lohnende Erfahrung sein.

Bei der Erstellung dieses Buches haben wir uns auf drei Kernprinzipien konzentriert: Einfachheit, Praktikabilität und Zugänglichkeit. Die 50 thematischen Kapitel sind so gestaltet, dass sie eine breite Palette gängiger Szenarien abdecken, von Begrüßungen und Vorstellungen bis hin zu Einkaufen und Essen, und stellen sicher, dass Sie die benötigten Wörter und Redewendungen stets griffbereit haben.

Eine der einzigartigen Eigenschaften dieses Buches ist die Integration von Online-Audio-Ausspracheunterstützung.

Wir wissen, dass korrekte Aussprache der Schlüssel zu effektiver Kommunikation ist, weshalb wir hochwertige Audioaufnahmen für jedes Wort und jede Phrase beigefügt haben. Das Hören von Muttersprachlern wird Ihnen helfen, einen authentischen Akzent zu entwickeln und Ihr Selbstvertrauen beim Sprechen zu stärken.

Das Erlernen einer neuen Sprache kann anfangs entmutigend erscheinen, aber mit diesem Buch werden Sie feststellen, dass es eine überschaubare und erfreuliche Reise ist. Das klare, benutzerfreundliche Layout ermöglicht es Ihnen, in Ihrem eigenen Tempo zu lernen, was den Prozess sowohl effektiv als auch angenehm macht.

Vielen Dank, dass Sie dieses Buch als Ihren Sprachlern-Begleiter gewählt haben. Wir hoffen, dass es Sie dazu inspiriert, neue Möglichkeiten zu erkunden und sich auf eine Weise mit der Welt zu verbinden, die Sie nie für möglich gehalten hätten.

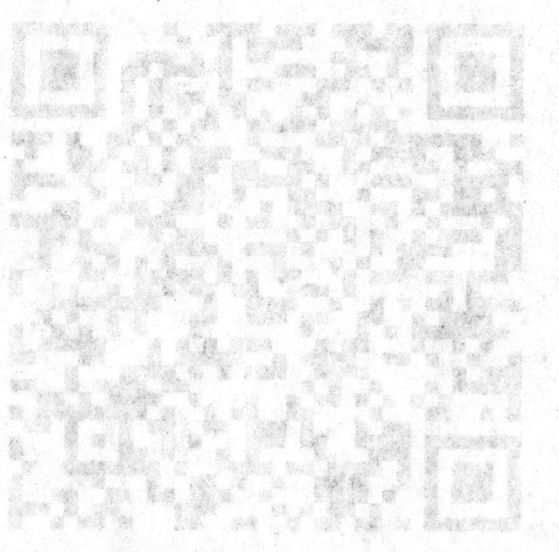

VERWENDEN SIE DIESEN QR-CODE, UM AUF DIE ONLINE-AUDIORESSOURCEN ZUZUGREIFEN:

INDEX

SALUTACIONS

GRÜSSE

HALLO	**HOLA**
Hallo, wie geht es Ihnen?	Hola, com estàs?
GUTEN MORGEN	**BON DIA**
Guten Morgen, hast du gut geschlafen?	Bon dia, has dormit bé?

1

GRÜSSE

GUTEN TAG

Guten Tag, wie war dein Tag?

BONA TARDA

Bona tarda, com ha anat el teu dia?

GUTEN ABEND

Guten Abend, lass uns einen Film schauen.

BONA NIT

Bona nit, vegem una pel·lícula.

AUF WIEDERSEHEN

Auf Wiedersehen, bis morgen.

ADÉU

Adéu, fins demà.

BITTE

Bitte reich mir das Salz.

SI US PLAU

Si us plau, passa la sal.

SALUTACIONS

DANKE

Danke für deine Hilfe.

GRÀCIES

Gràcies per la teva ajuda.

JA

Ja, ich hätte gerne Kaffee.

SÍ

Sí, voldria una mica de cafè.

NEIN

Nein, ich möchte keinen.

NO

No, no en vull cap.

ENTSCHULDIGUNG

Entschuldigung, wo ist das Badezimmer?

PERDONI

Perdoni, on és el bany?

FRASES COMUNS

HÄUFIGE AUSDRÜCKE

WIE VIEL KOSTET ES?

Wie viel kostet dieses Buch?

QUANT COSTA?

Quant costa aquest llibre?

WO IST DIE TOILETTE?

Entschuldigen Sie, wo ist die Toilette?

ON ÉS EL BANY?

Perdoni, on és el bany?

4

HÄUFIGE AUSDRÜCKE

ICH VERSTEHE NICHT

Ich verstehe diese Lektion nicht.

NO HO ENTENC

No entenc aquesta lliçó.

KÖNNEN SIE MIR HELFEN?

Können Sie mir bei meinen Hausaufgaben helfen?

EM POTS AJUDAR?

Em pots ajudar amb els deures?

ES TUT MIR LEID

Es tut mir leid, dass ich zu spät bin.

HO SENTO

Ho sento per arribar tard.

WIE SPÄT IST ES?

Wissen Sie, wie spät es ist?

QUINA HORA ÉS?

Saps quina hora és?

FRASES COMUNS

ICH BIN VERLOREN

Ich bin verloren, können Sie mir helfen?

ESTIC PERDUT

Estic perdut, em pots ajudar?

ICH LIEBE DICH

Ich liebe dich sehr.

T'ESTIMO

T'estimo molt.

ICH HABE HUNGER

Ich habe Hunger, lass uns etwas essen.

TINC GANA

Tinc gana, mengem alguna cosa.

ICH HABE DURST

Ich habe Durst, kann ich etwas Wasser haben?

TINC SET

Tinc set, puc prendre una mica d'aigua?

NOMBRES

ZAHLEN

EINS	UN
Einen Apfel, bitte.	Una poma, si us plau.

ZWEI	DOS
Ich habe zwei Katzen.	Tinc dos gats.

ZAHLEN

DREI

Es gibt drei Bücher auf dem Tisch.

TRES

Hi ha tres llibres a la taula.

VIER

Wir brauchen vier Stühle.

QUATRE

Necessitem quatre cadires.

FÜNF

Sie hat fünf Bleistifte.

CINC

Ella té cinc llapis.

SECHS

Die Uhr zeigt sechs Uhr.

SIS

El rellotge marca les sis en punt.

NOMBRES

SIEBEN

Es gibt sieben Tage in der Woche.

SET

Hi ha set dies en una setmana.

ACHT

Der Kuchen ist in acht Stücke geschnitten.

VUIT

El pastís està tallat en vuit trossos.

NEUN

Es gibt neun Schüler in der Klasse.

NOU

Hi ha nou estudiants a la classe.

ZEHN

Ich kann bis zehn zählen.

DEU

Puc comptar fins a deu.

DIES DE LA SETMANA

WOCHENTAGE

MONTAG

Ich habe am Montag ein Treffen.

DILLUNS

Tinc una reunió el dilluns.

DIENSTAG

Sie geht am Dienstag ins Fitnessstudio.

DIMARTS

Ella va al gimnàs el dimarts.

10

WOCHENTAGE

MITTWOCH

Wir haben am Mittwoch Unterricht.

DIMECRES

Tenim una classe el dimecres.

DONNERSTAG

Der Markt öffnet am Donnerstag.

DIJOUS

El mercat obre el dijous.

FREITAG

Freitag ist mein Lieblingstag.

DIVENDRES

El divendres és el meu dia preferit.

SAMSTAG

Sie besuchen ihre Großeltern am Samstag.

DISSABTE

Visitin als seus avis el dissabte.

DIES DE LA SETMANA

SONNTAG

Wir ruhen uns am Sonntag aus.

DIUMENGE

Ens descansem el diumenge.

WOCHENENDE

Was sind deine Pläne für das Wochenende?

CAP DE SETMANA

Quins són els teus plans per al cap de setmana?

WOCHENTAG

Ein Wochentag ist jeder Tag außer dem Wochenende.

DIA LABORABLE

Un dia laborable és qualsevol dia excepte el cap de setmana.

FEIERTAG

Weihnachten ist ein Feiertag.

FESTA

El Nadal és una festa.

MESOS DE L'ANY

MONATE DES JAHRES

JANUAR

Mein Geburtstag ist im Januar.

GENER

El meu aniversari és al gener.

FEBRUAR

Valentinstag ist im Februar.

FEBRER

El Dia de Sant Valentí és al febrer.

MONATE DES JAHRES

MÄRZ

Der Frühling beginnt im März.

MARÇ

La primavera comença al març.

APRIL

Der April ist ein regnerischer Monat.

ABRIL

L'abril és un mes plujós.

MAI

Der Muttertag ist im Mai.

MAIG

El Dia de la Mare és al maig.

JUNI

Die Schule endet im Juni.

JUNY

L'escola acaba al juny.

MESOS DE L'ANY

JULI

Der Unabhängigkeitstag ist im Juli.

JULIOL

El Dia de la Independència és al juliol.

AUGUST

Wir fahren im August in den Urlaub.

AGOST

Anem de vacances a l'agost.

SEPTEMBER

Die Schule beginnt im September.

SETEMBRE

L'escola comença al setembre.

OKTOBER

Halloween ist im Oktober.

OCTUBRE

Halloween és a l'octubre.

COLORS

FARBEN

ROT Der Apfel ist rot.	**VERMELL** La poma és vermella.
BLAU Der Himmel ist blau.	**BLAU** El cel és blau.

FARBEN

GRÜN

Das Gras ist grün.

VERD

La gespa és verda.

GELB

Die Sonne ist gelb.

GROC

El sol és groc.

SCHWARZ

Die Nacht ist schwarz.

NEGRE

La nit és negra.

WEISS

Der Schnee ist weiß.

BLANC

La neu és blanca.

COLORS

GRAU Der Himmel ist heute grau.	**GRIS** El cel és gris avui.
BRAUN Der Boden ist braun.	**MARRÓ** El sòl és marró.
ROSA Die Blume ist rosa.	**ROSA** La flor és rosa.
LILA Die Trauben sind lila.	**PORPRA** El raïm és porpra.

MEMBRES DE LA FAMÍLIA

FAMILIENMITGLIEDER

MUTTER

Meine Mutter ist Lehrerin.

MARE

La meva mare és mestra.

VATER

Mein Vater arbeitet bei einer Bank.

PARE

El meu pare treballa en un banc.

FAMILIENMITGLIEDER

BRUDER

Mein Bruder ist jünger als ich.

GERMÀ

El meu germà és més jove que jo.

SCHWESTER

Meine Schwester ist älter als ich.

GERMANA

La meva germana és més gran que jo.

GROSSVATER

Mein Großvater ist im Ruhestand.

AVI

El meu avi està jubilat.

GROSSMUTTER

Meine Großmutter erzählt tolle Geschichten.

ÀVIA

La meva àvia explica històries fantàstiques.

20

MEMBRES DE LA FAMÍLIA

ONKEL

Mein Onkel lebt in der Stadt.

ONCLE

El meu oncle viu a la ciutat.

TANTE

Meine Tante ist Ärztin.

TIA

La meva tia és doctora.

COUSIN/COUSINE

Mein Cousin / Meine Cousine besucht uns.

COSÍ

El meu cosí ens està visitant.

NEFFE

Mein Neffe lernt lesen.

NEBOT

El meu nebot està aprenent a llegir.

MENJAR I BEGUDES

ESSEN UND TRINKEN

BROT	PA
Ich esse gerne Brot.	M'agrada menjar pa.

WASSER	AIGUA
Ich trinke viel Wasser.	Bec molta aigua.

22

ESSEN UND TRINKEN

MILCH

Ich trinke jeden Morgen Milch.

LLET

Bec llet cada matí.

SAFT

Er trinkt Orangensaft.

SUC

Ell beu suc de taronja.

KAFFEE

Ich trinke morgens Kaffee.

CAFÈ

Bec cafè al matí.

TEE

Sie trinkt gerne Tee.

TE

Li agrada beure te.

MENJAR I BEGUDES

WEIN Er mag Rotwein.	**VI** Li agrada el vi negre.
BIER Er trinkt Bier mit Freunden.	**CERVESA** Beu cervesa amb amics.
LIMONADE Ich trinke gerne Limonade.	**REFRESC** M'agrada beure refresc.
WEIN Sie genießen ein Glas Wein.	**VI** Gaudeixen d'una copa de vi.

ROBA

KLEIDUNG

HEMD Ich habe ein neues Hemd gekauft.	**CAMISA** He comprat una camisa nova.
HOSE Er trägt blaue Hosen.	**PANTALONS** Ell porta pantalons blaus.

KLEIDUNG

KLEID

Sie hat ein rotes Kleid gekauft.

VESTIT

Ella ha comprat un vestit vermell.

SCHUHE

Ich brauche neue Schuhe.

SABATES

Necessito sabates noves.

HUT

Er trägt einen Hut.

BARRET

Ell porta un barret.

ROCK

Sie trägt einen Rock.

FALDILLA

Ella porta una faldilla.

ROBA

MANTEL

Ich trage im Winter einen Mantel.

ABRIC

Porto un abric a l'hivern.

JACKE

Sie hat eine neue Jacke gekauft.

JAQUETA

Ella ha comprat una jaqueta nova.

T-SHIRT

Er trägt ein T-Shirt.

SAMARRETA

Ell porta una samarreta.

PULLOVER

Sie hat einen Pullover gestrickt.

JERSEI

Ella ha fet un jersei de punt.

CASA I LLAR

HAUS UND HEIM

HAUS	CASA
Das Haus ist groß.	La casa és gran.

ZIMMER	HABITACIÓ
Mein Zimmer ist im zweiten Stock.	La meva habitació és al segon pis.

HAUS UND HEIM

KÜCHE Die Küche ist sauber.	**CUINA** La cuina està neta.
BADEZIMMER Das Badezimmer ist oben.	**BANY** El bany és a dalt.
WOHNZIMMER Das Wohnzimmer ist geräumig.	**SALA D'ESTAR** La sala d'estar és espaiosa.
SCHLAFZIMMER Das Schlafzimmer ist gemütlich.	**DORMITORI** El dormitori és acollidor.

CASA I LLAR

GARTEN

Der Garten ist schön.

JARDÍ

El jardí és preciós.

GARAGE

Das Auto ist in der Garage.

GARATGE

El cotxe està al garatge.

BALKON

Wir frühstücken auf dem Balkon.

BALCÓ

Esmorzem al balcó.

DACH

Das Dach muss repariert werden.

SOSTRE

El sostre necessita reparació.

ESCOLA

SCHULE

LEHRER Der Lehrer erklärt die Lektion.	**PROFESSOR** El professor està explicant la lliçó.
SCHÜLER Der Schüler lernt fleißig.	**ESTUDIANT** L'estudiant està estudiant durament.

31

SCHULE

KLASSENZIMMER

Das Klassenzimmer ist voller Schüler.

AULA

L'aula està plena d'estudiants.

HAUSAUFGABEN

Ich habe viele Hausaufgaben.

DEURES

Tinc molts deures.

PRÜFUNG

Die Prüfung war sehr schwierig.

EXAMEN

L'examen va ser molt difícil.

BIBLIOTHEK

Ich lerne in der Bibliothek.

BIBLIOTECA

Estudio a la biblioteca.

ESCOLA

BUCH

Ich lese ein Buch.

LLIBRE

Estic llegint un llibre.

SCHREIBTISCH

Mein Schreibtisch ist ordentlich.

ESCRIPTORI

El meu escriptori està ordenat.

STIFT

Ich brauche einen Stift zum Schreiben.

BOLÍGRAF

Necessito un bolígraf per escriure.

NOTIZBUCH

Ich schreibe in mein Notizbuch.

QUADERN

Escric en el meu quadern.

FEINES I PROFESSIONS

BERUFE UND PROFESSIONEN

ARZT

Der Arzt ist sehr freundlich.

METGE

El metge és molt amable.

INGENIEUR

Der Ingenieur entwarf die Brücke.

ENGINYER

L'enginyer va dissenyar el pont.

34

BERUFE UND PROFESSIONEN

KRANKENPFLEGER

Der Krankenpfleger ist sehr fürsorglich.

INFERMERA

La infermera és molt atenta.

LEHRER

Der Lehrer ist sehr streng.

PROFESSOR

El professor és molt estricte.

POLIZIST

Der Polizist half uns.

POLICIA

El policia ens va ajudar.

FEUERWEHRMANN

Der Feuerwehrmann rettete die Katze.

BOMBERS

Els bombers van salvar el gat.

FEINES I PROFESSIONS

KOCH

Der Koch bereitete ein köstliches Essen zu.

XEF

El xef va cuinar un menjar deliciós.

KÜNSTLER

Der Künstler malte ein schönes Bild.

ARTISTA

L'artista va pintar un quadre preciós.

ANWALT

Der Anwalt gab uns Ratschläge.

ADVOCAT

L'advocat ens va donar consells.

ZAHNARZT

Der Zahnarzt reinigte meine Zähne.

DENTISTA

El dentista em va netejar les dents.

TRANSPORT

TRANSPORT

AUTO	**COTXE**
Ich habe ein neues Auto gekauft.	He comprat un cotxe nou.
BUS	**AUTOBÚS**
Ich nehme den Bus zur Arbeit.	Agafo l'autobús per anar a la feina.

TRANSPORT

FAHRRAD

Ich fahre jeden Tag mit dem Fahrrad.

BICICLETA

Munto la meva bicicleta cada dia.

ZUG

Der Zug hat Verspätung.

TREN

El tren arriba tard.

FLUGZEUG

Das Flugzeug hebt ab.

AVIÓ

L'avió està enlairant-se.

BOOT

Das Boot segelt.

VAIXELL

El vaixell està navegant.

TRANSPORT

LKW Der LKW transportiert Waren.	**CAMIÓ** El camió està transportant mercaderies.
MOTORRAD Das Motorrad ist schnell.	**MOTO** La moto és ràpida.
U-BAHN Die U-Bahn ist überfüllt.	**METRO** El metro està ple.
HUBSCHRAUBER Der Hubschrauber fliegt niedrig.	**HELICÒPTER** L'helicòpter està volant baix.

VIATGES

REISE

FLUGHAFEN	**AEROPORT**
Der Flughafen ist sehr beschäftigt.	L'aeroport està molt ocupat.
HOTEL	**HOTEL**
Wir bleiben in einem schönen Hotel.	Ens estem allotjant en un bonic hotel.

REISE

REISEPASS

Hast du deinen Reisepass?

PASSAPORT

Tens el teu passaport?

TICKET

Ich habe ein Ticket nach Paris gekauft.

BITLLET

He comprat un bitllet per a París.

TOURIST

Der Tourist macht Fotos.

TURISTA

El turista està fent fotos.

GEPÄCK

Ich muss mein Gepäck packen.

EQUIPATGE

Necessito fer les maletes.

VIATGES

KARTE

Hast du eine Karte?

MAPA

Tens un mapa?

FÜHRER

Der Führer zeigte uns herum.

GUIA

El guia ens va mostrar pels voltants.

VISUM

Ich brauche ein Visum zum Reisen.

VISAT

Necessito un visat per viatjar.

KOFFER

Mein Koffer ist schwer.

MALETA

La meva maleta és pesada.

TEMPS

WETTER

SONNIG Heute ist ein sonniger Tag.	**ASSOLELLAT** Avui és un dia assolellat.
REGNERISCH Es ist ein regnerischer Nachmittag.	**PLUJÓS** És una tarda plujosa.

WETTER

WINDIG

Es ist ein windiger Tag.

VENTÓS

És un dia ventós.

SCHNEEBEDECKT

Es ist ein verschneiter Morgen.

NEVAT

És un matí nevat.

BEWÖLKT

Es ist ein bewölkter Abend.

ENNUVOLAT

És un vespre ennuvolat.

STÜRMISCH

Es ist eine stürmische Nacht.

TEMPESTUÓS

És una nit tempestuosa.

TEMPS

NEBELIG	**BOIRÓS**
Es ist ein nebliger Morgen.	És un matí boirós.
FEUCHT	**HUMIT**
Es ist ein feuchter Tag.	És un dia humit.
GEFRIEREND	**GLAÇAT**
Es friert draußen.	Està glaçat fora.
HEIß	**CALORÓS**
Es ist ein heißer Tag.	És un dia calorós.

SALUT I COS

GESUNDHEIT UND KÖRPER

ARZT

Der Arzt ist sehr freundlich.

METGE

El metge és molt amable.

KRANKENSCHWESTER

Die Krankenschwester ist sehr fürsorglich.

INFERMERA

La infermera és molt afectuosa.

46

GESUNDHEIT UND KÖRPER

KRANKENHAUS

Das Krankenhaus ist sauber.

HOSPITAL

L'hospital està net.

MEDIZIN

Ich muss meine Medizin nehmen.

MEDICINA

Necessito prendre la meva medicina.

APOTHEKE

Ich muss in die Apotheke gehen.

FARMÀCIA

Necessito anar a la farmàcia.

ZAHNARZT

Ich habe einen Termin beim Zahnarzt.

DENTISTA

Tinc una cita amb el dentista.

SALUT I COS

THERAPEUT	**TERAPEUTA**
Der Therapeut ist sehr hilfreich.	El terapeuta és molt útil.
CHIRURG	**CIRURGIÀ**
Der Chirurg hat eine erfolgreiche Operation durchgeführt.	El cirurgià va fer una operació amb èxit.
PATIENT	**PACIENT**
Der Patient erholt sich.	El pacient s'està recuperant.
KLINIK	**CLÍNICA**
Die Klinik ist 24 Stunden geöffnet.	La clínica està oberta 24 hores.

EMOCIONS

EMOTIONEN

GLÜCKLICH Sie fühlt sich heute sehr glücklich.	**FELIÇ** Ella se sent molt feliç avui.
TRAURIG Er sieht traurig aus.	**TRIST** Ell sembla trist.

EMOTIONEN

WÜTEND

Sie ist wütend auf ihre Freundin.

ENFADAT

Ella està enfadada amb la seva amiga.

AUFGEREGT

Die Kinder sind aufgeregt.

EMOCIONATS

Els nens estan emocionats.

VERÄNGSTIGT

Sie hat Angst vor der Dunkelheit.

ESPANTADA

Ella té por de la foscor.

ÜBERRASCHT

Er war von den Nachrichten überrascht.

SORPRESOS

Ell estava sorprès per les notícies.

EMOCIONS

GELANGWEILT

Sie fühlt sich zu Hause gelangweilt.

AVORRIT

Ella se sent avorrida a casa.

RUHIG

Er ist sehr ruhig unter Druck.

CALM

Ell està molt calmat sota pressió.

NERVÖS

Sie ist nervös wegen der Prüfung.

NERVIOSA

Ella està nerviosa per l'examen.

VERWIRRT

Er ist über die Anweisungen verwirrt.

CONFÓS

Ell està confós amb les instruccions.

NATURA

NATUR

BAUM Der Baum ist sehr groß.	**ARBRE** L'arbre és molt alt.
BLUME Die Blume ist schön.	**FLOR** La flor és bonica.

52

NATUR

FLUSS

Der Fluss ist breit.

RIU

El riu és ample.

BERG

Der Berg ist hoch.

MUNTANYA

La muntanya és alta.

WALD

Der Wald ist dicht.

BOSC

El bosc és dens.

OZEAN

Der Ozean ist riesig.

OCEÀ

L'oceà és vast.

NATURA

STRAND

Der Strand ist überfüllt.

PLATJA

La platja és plena de gent.

WÜSTE

Die Wüste ist heiß.

DESERT

El desert és calorós.

SEE

Der See ist ruhig.

LLAC

El llac és tranquil.

TAL

Das Tal ist schön.

VALL

La vall és bonica.

ANIMALS

TIERE

HUND Der Hund bellt.	**GOS** El gos està bordan.
KATZE Die Katze schläft.	**GAT** El gat està dormint.

VOGEL

Der Vogel singt.

OCELL

L'ocell està cantant.

FISCH

Der Fisch schwimmt.

PEIX

El peix està nedant.

PFERD

Das Pferd rennt.

CAVALL

El cavall està corrent.

KUH

Die Kuh weidet.

VACA

La vaca està pasturant.

ANIMALS

LÖWE Der Löwe brüllt.	**LLEÓ** El lleó està rugint.
ELEFANT Der Elefant ist riesig.	**ELEFANT** L'elefant és enorme.
AFFE Der Affe ist verspielt.	**MICO** El mico és juganer.
TIGER Der Tiger ist wild.	**TIGRE** El tigre és ferotge.

AFICIONS

HOBBYS

LESEN Ich lese gerne Bücher.	**LLEGIR** M'agrada llegir llibres.
MALEN Sie liebt es zu malen.	**PINTAR** A ella li encanta pintar.

HOBBYS

GARTENARBEIT

Ich verbringe meine Wochenenden mit Gartenarbeit.

JARDINERIA

Passo els caps de setmana fent jardineria.

KOCHEN

Er kocht gerne.

CUINAR

A ell li agrada cuinar.

TANZEN

Sie tanzen gerne.

BALLAR

Els agrada ballar.

RADFAHREN

Ich gehe jeden Morgen Radfahren.

CICLISME

Vaig a fer ciclisme cada matí.

AFICIONS

SINGEN

Ich singe gerne.

CANTAR

M'agrada cantar.

SCHWIMMEN

Sie liebt es zu schwimmen.

NEDAR

A ella li encanta nedar.

REISEN

Ich reise gerne an neue Orte.

VIATJAR

M'encanta viatjar a llocs nous.

ANGELN

Er geht am Wochenende angeln.

PESCAR

Ell va a pescar els caps de setmana.

ESPORTS

SPORT

FUSSBALL

Er spielt jedes Wochenende Fußball.

FUTBOL

Ell juga a futbol cada cap de setmana.

BASKETBALL

Sie liebt es, Basketball zu spielen.

BÀSQUET

A ella li encanta jugar a bàsquet.

SPORT

TENNIS

Sie spielen sonntags Tennis.

TENNIS

Ells juguen a tennis els diumenges.

SCHWIMMEN

Ich gehe jeden Morgen schwimmen.

NATACIÓ

Jo vaig a nedar cada matí.

LAUFEN

Sie läuft gerne im Park.

CÓRRER

A ella li agrada córrer al parc.

RADFAHREN

Er geht an den Wochenenden radfahren.

CICLISME

Ell va a fer ciclisme els caps de setmana.

ESPORTS

YOGA

Sie praktiziert jeden Tag Yoga.

IOGA

Ella practica ioga cada dia.

TANZEN

Sie tanzen gerne.

BALLAR

Ells gaudeixen ballant.

WANDERN

Wir gehen in den Bergen wandern.

SENDERISME

Nosaltres fem senderisme a les muntanyes.

GOLF

Er spielt Golf mit seinen Freunden.

GOLF

Ell juga a golf amb els seus amics.

TECNOLOGIA

TECHNOLOGIE

COMPUTER

Ich habe einen neuen Computer gekauft.

ORDINADOR

He comprat un ordinador nou.

INTERNET

Das Internet ist heute langsam.

INTERNET

L'internet és lent avui.

TECHNOLOGIE

SMARTPHONE

Ich brauche ein neues Smartphone.

SMARTPHONE

Necessito un nou smartphone.

TABLET

Das Tablet ist sehr nützlich.

TAULETA

La tauleta és molt útil.

LAPTOP

Mein Laptop ist kaputt.

PORTÀTIL

El meu portàtil està trencat.

SOFTWARE

Ich muss neue Software installieren.

PROGRAMARI

Necessito instal·lar un programari nou.

TECNOLOGIA

APP

Diese App ist sehr hilfreich.

APLICACIÓ

Aquesta aplicació és molt útil.

GADGET

Dieses Gerät ist erstaunlich.

DISPOSITIU

Aquest dispositiu és increïble.

DEVICE

Dieses Gerät ist einfach zu bedienen.

APARELL

Aquest aparell és fàcil d'utilitzar.

CAMERA

Ich brauche eine neue Kamera.

CÀMERA

Necessito una càmera nova.

COMPRES

EINKAUFEN

GESCHÄFT Das Geschäft ist geöffnet.	**BOTIGA** La botiga està oberta.
MARKT Ich kaufe Gemüse auf dem Markt.	**MERCAT** Compro verdures al mercat.

EINKAUFEN

EINKAUFSZENTRUM

Das Einkaufszentrum ist sehr überfüllt.

CENTRE COMERCIAL

El centre comercial està molt ple.

SUPERMARKT

Ich muss zum Supermarkt gehen.

SUPERMERCAT

Necessito anar al supermercat.

BOUTIQUE

Ich habe ein schönes Kleid in der Boutique gefunden.

BOTIGA DE MODA

He trobat un bonic vestit a la botiga de moda.

BÄCKEREI

Die Bäckerei verkauft frisches Brot.

FLECA

La fleca ven pa fresc.

COMPRES

APOTHEKE

Ich muss Medizin aus der Apotheke kaufen.

FARMÀCIA

Necessito comprar medicaments a la farmàcia.

METZGER

Ich kaufe Fleisch beim Metzger.

CARNISSERIA

Compro carn a la carnisseria.

FLORIST

Ich habe Blumen beim Floristen gekauft.

FLORISTERIA

He comprat flors a la floristeria.

LEBENSMITTELGESCHÄFT

Das Lebensmittelgeschäft ist 24/7 geöffnet.

BOTIGA D'ALIMENTS

La botiga d'aliments està oberta 24/7.

DIRECCIONS

RICHTUNGEN

LINKS Biegen Sie an der Ecke links ab.	**ESQUERRA** Gira a l'esquerra a la cantonada.
RECHTS Biegen Sie nach der Bank rechts ab.	**DRETA** Gira a la dreta després del banc.

RICHTUNGEN

GERADEAUS

Gehen Sie geradeaus.

RECTE

Vés recte endavant.

NORDEN

Die Bibliothek ist im Norden.

NORD

La biblioteca és al nord.

SÜDEN

Der Park ist im Süden.

SUD

El parc és al sud.

OSTEN

Die Schule ist im Osten.

EST

L'escola és a l'est.

DIRECCIONS

WESTEN

Das Krankenhaus ist im Westen.

OEST

L'hospital és a l'oest.

IN DER NÄHE

Die Bank ist in der Nähe der Post.

A PROP

El banc és a prop de l'oficina de correus.

WEIT

Das Kino ist weit von hier entfernt.

LLUNY

El cinema és lluny d'aquí.

NEBEN

Das Restaurant ist neben dem Hotel.

AL COSTAT DE

El restaurant és al costat de l'hotel.

TEMPS

ZEIT

MORGEN Ich wache früh am Morgen auf.	**MATÍ** Em llevo d'hora al matí.
NACHMITTAG Ich arbeite am Nachmittag.	**TARDA** Treballo a la tarda.

ZEIT

ABEND

Wir essen zu Abend.

VESPRE

Sopem al vespre.

NACHT

Es ist sehr ruhig in der Nacht.

NIT

És molt tranquil a la nit.

STUNDE

Das Meeting dauert eine Stunde.

HORA

La reunió dura una hora.

MINUTE

Warte eine Minute, bitte.

MINUT

Esperi un minut, si us plau.

TEMPS

SEKUNDE

Ich werde in einer Sekunde dort sein.

SEGON

Hi seré en un segon.

TAG

Es ist ein schöner Tag.

DIA

És un dia preciós.

WOCHE

Ich werde dich nächste Woche sehen.

SETMANA

Et veure la setmana vinent.

MONAT

Ich werde nächsten Monat verreisen.

MES

Viataré el mes vinent.

CELEBRACIONS

FEIERN

WEIHNACHTEN Wir feiern Weihnachten im Dezember.	**NADAL** Celebrem el Nadal al desembre.
GEBURTSTAG Ihr Geburtstag ist nächste Woche.	**ANIVERSARI** El seu aniversari és la setmana que ve.

FEIERN

OSTERN

Wir machen eine Ostereiersuche.

PASQUA

Fem una cerca d'ous de Pasqua.

NEUJAHR

Wir feiern das Neujahr mit Feuerwerk.

CAP D'ANY

Celebrem el Cap d'Any amb focs artificials.

HOCHZEIT

Die Hochzeit war wunderschön.

CASAMENT

El casament va ser preciós.

FESTIVAL

Das Festival findet jedes Jahr statt.

FESTIVAL

El festival es fa cada any.

CELEBRACIONS

JAHRESTAG

Heute ist ihr Hochzeitstag.

ANIVERSARI DE CASAMENT

Avui és l'aniversari de casament d'ells.

FEIERTAG

Heute ist ein Feiertag.

FESTA

Avui és una festa pública.

PARTY

Die Party war sehr lustig.

FESTA

La festa va ser molt divertida.

KARNEVAL

Der Karneval ist bunt und lebhaft.

CARNAVAL

El carnaval és colorit i animat.

MÚSICA

MUSIK

LIED Ich mag dieses Lied.	**CANÇÓ** M'agrada aquesta cançó.
MUSIK Sie hört jeden Tag Musik.	**MÚSICA** Ella escolta música cada dia.

MUSIK

BAND

Ich mag diese Band.

BANDA

M'agrada aquesta banda.

INSTRUMENT

Er spielt ein Musikinstrument.

INSTRUMENT

Ell toca un instrument musical.

KONZERT

Das Konzert war wunderbar.

CONCERT

El concert va ser increïble.

GITARRE

Er spielt die Gitarre.

GUITARRA

Ell toca la guitarra.

MÚSICA

KLAVIER

Sie spielt wunderschön Klavier.

PIANO

Ella toca el piano molt bé.

GEIGE

Er lernt, die Geige zu spielen.

VIOLÍ

Ell està aprenent a tocar el violí.

SCHLAGZEUG

Er spielt Schlagzeug in einer Band.

TAMBORS

Ell toca els tambors en una banda.

MIKROFON

Sie sang ins Mikrofon.

MICRÒFON

Ella va cantar en el micròfon.

PEL·LÍCULES I SÈRIES DE TV

FILME UND FERNSEHSENDUNGEN

FILM

Dieser Film ist sehr interessant.

PEL·LÍCULA

Aquesta pel·lícula és molt interessant.

FERNSEHSENDUNG

Diese Fernsehsendung ist sehr beliebt.

SÈRIE DE TV

Aquesta sèrie de TV és molt popular.

FILME UND FERNSEHSENDUNGEN

SCHAUSPIELER

Der Schauspieler ist sehr talentiert.

ACTOR

L'actor és molt talentós.

REGISSEUR

Der Regisseur hat einen großartigen Film gemacht.

DIRECTOR

El director va fer una gran pel·lícula.

EPISODE

Ich habe die neueste Episode gesehen.

EPISODI

He vist l'últim episodi.

SERIE

Diese Serie ist sehr beliebt.

SÈRIE

Aquesta sèrie és molt popular.

PEL·LÍCULES I SÈRIES DE TV

STAFFEL

Die neue Staffel beginnt bald.

TEMPORADA

La nova temporada comença aviat.

GENRE

Dieses Genre ist mein Favorit.

GÈNERE

Aquest gènere és el meu preferit.

DOKUMENTARFILM

Ich habe einen Dokumentarfilm gesehen.

DOCUMENTAL

He vist un documental.

KOMÖDIE

Ich schaue gerne Komödien.

COMÈDIA

M'agrada veure programes de comèdia.

LLIBRES I LITERATURA

BÜCHER UND LITERATUR

BUCH	LLIBRE
Ich lese ein neues Buch.	Estic llegint un llibre nou.
AUTOR	**AUTOR**
Der Autor ist sehr berühmt.	L'autor és molt famós.

BÜCHER UND LITERATUR

GESCHICHTE

Die Geschichte ist fesselnd.

HISTÒRIA

La història és captivant.

ROMAN

Ich lese einen Roman.

NOVEL·LA

Estic llegint una novel·la.

POESIE

Ich lese gerne Poesie.

POESIA

Gaudeixo llegint poesia.

KAPITEL

Ich habe das erste Kapitel beendet.

CAPÍTOL

He acabat el primer capítol.

LLIBRES I LITERATURA

BIBLIOTHEK

Die Bibliothek hat viele Bücher.

BIBLIOTECA

La biblioteca té molts llibres.

FIKTION

Ich lese gerne Fiktion.

FICCIÓ

M'agrada llegir ficció.

BIOGRAFIE

Ich lese eine Biografie.

BIOGRAFIA

Estic llegint una biografia.

VERLAG

Der Verlag hat ein neues Buch veröffentlicht.

EDITOR

L'editor ha publicat un llibre nou.

ART

KUNST

GEMÄLDE	PINTURA
Das Gemälde ist schön.	La pintura és bonica.

SKULPTUR	ESCULTURA
Die Skulptur ist beeindruckend.	L'escultura és impressionant.

KUNST

ZEICHNUNG

Die Zeichnung ist detailliert.

DIBUIX

El dibuix és detallat.

MUSEUM

Das Museum hat viele Ausstellungen.

MUSEU

El museu té moltes exposicions.

GALERIE

Die Galerie zeigt moderne Kunst.

GALERIA

La galeria exhibeix art modern.

AUSSTELLUNG

Die Ausstellung öffnet morgen.

EXPOSICIÓ

L'exposició s'obre demà.

FOTOGRAFIE

Das Foto ist in Schwarz-Weiß.

FOTOGRAFIA

La fotografia és en blanc i negre.

STATUE

Die Statue ist aus Marmor.

ESTÀTUA

L'estàtua està feta de marbre.

LEINWAND

Der Künstler malte auf Leinwand.

LLENÇ

L'artista va pintar sobre llenç.

GRAFFITI

Das Graffiti ist sehr künstlerisch.

GRAFITS

Els grafits són molt artístics.

CIÈNCIA

WISSENSCHAFT

EXPERIMENT

Wir haben ein wissenschaftliches Experiment durchgeführt.

EXPERIMENT

Vam fer un experiment científic.

MIKROSKOP

Wir haben uns Zellen unter dem Mikroskop angesehen.

MICROSCOPI

Vam mirar cèl·lules sota el microscopi.

WISSENSCHAFT

PHYSIK

Physik ist mein Lieblingsfach.

FÍSICA

La física és la meva assignatura preferida.

CHEMIE

Wir haben etwas über Elemente in der Chemie gelernt.

QUÍMICA

Vam aprendre sobre elements a química.

BIOLOGIE

Biologie untersucht lebende Organismen.

BIOLOGIA

La biologia estudia els organismes vius.

ASTRONOMIE

Astronomie ist faszinierend.

ASTRONOMIA

L'astronomia és fascinant.

CIÈNCIA

GEOLOGIE

Geologie untersucht die Erde.

GEOLOGIA

La geologia estudia la Terra.

BOTANIK

Botanik ist die Wissenschaft von den Pflanzen.

BOTÀNICA

La botànica és l'estudi de les plantes.

ÖKOLOGIE

Ökologie konzentriert sich auf Ökosysteme.

ECOLOGIA

L'ecologia se centra en els ecosistemes.

GENETIK

Genetik ist ein Zweig der Biologie.

GENÈTICA

La genètica és una branca de la biologia.

MATEMÀTIQUES

MATHEMATIK

ADDITION

Addition ist einfach für sie.

ADDICIÓ

L'addició és fàcil per a ella.

SUBTRAKTION

Subtraktion kann knifflig sein.

SUBTRACCIÓ

La subtracció pot ser complicada.

94

MATHEMATIK

MULTIPLIKATION

Er ist gut in Multiplikation.

MULTIPLICACIÓ

Ell és bo en multiplicació.

DIVISION

Division ist eine grundlegende mathematische Operation.

DIVISIÓ

La divisió és una operació matemàtica bàsica.

BRUCH

Wir lernen Brüche in Mathematik.

FRACCIÓ

Estem aprenent fraccions a matemàtiques.

GLEICHUNG

Die Gleichung ist schwer zu lösen.

EQUACIÓ

L'equació és difícil de resoldre.

MATEMÀTIQUES

GEOMETRIE

Geometrie beinhaltet Formen und Winkel.

GEOMETRIA

La geometria implica formes i angles.

ALGEBRA

Algebra verwendet Buchstaben und Symbole.

ÀLGEBRA

L'àlgebra utilitza lletres i símbols.

TRIGONOMETRIE

Trigonometrie befasst sich mit Dreiecken.

TRIGONOMETRIA

La trigonometria tracta amb triangles.

STATISTIK

Statistik wird in vielen Bereichen verwendet.

ESTADÍSTICA

L'estadística s'utilitza en molts camps.

HISTÒRIA

GESCHICHTE

KRIEG	GUERRA
Der Krieg dauerte fünf Jahre.	La guerra va durar cinc anys.

REVOLUTION	REVOLUCIÓ
Die Revolution veränderte das Land.	La revolució va canviar el país.

GESCHICHTE

IMPERIUM

Das Römische Reich war riesig.

IMPERI

L'Imperi Romà era vast.

KOLONISIERUNG

Die Kolonisierung betraf viele Regionen.

COLONITZACIÓ

La colonització va afectar moltes regions.

UNABHÄNGIGKEIT

Sie kämpften für die Unabhängigkeit.

INDEPENDÈNCIA

Van lluitar per la independència.

ANTIK

Sie studierten antike Zivilisationen.

ANTIC

Estudien les civilitzacions antigues.

HISTÒRIA

MITTELALTERLICH

Sie besuchten eine mittelalterliche Burg.

MEDIEVAL

Van visitar un castell medieval.

MODERN

Sie leben in einem modernen Haus.

MODERNA

Viuen en una casa moderna.

RENAISSANCE

Die Renaissance war eine Zeit kulturellen Aufschwungs.

RENAIXEMENT

El Renaixement va ser una època de renaixença cultural.

VIKTORIANISCH

Sie restaurierten ein viktorianisches Haus.

VICTORIANA

Han restaurat una casa victoriana.

GEOGRAFIA

GEOGRAPHIE

KONTINENT Afrika ist ein Kontinent.	**CONTINENT** Àfrica és un continent.
LAND Frankreich ist ein wunderschönes Land.	**PAÍS** França és un país preciós.

GEOGRAPHIE

STADT

New York ist eine große Stadt.

CIUTAT

Nova York és una ciutat gran.

DORF

Das Dorf ist sehr friedlich.

POBLE

El poble és molt tranquil.

FLUSS

Der Fluss fließt durch die Stadt.

RIU

El riu travessa la ciutat.

BERG

Wir sind auf den Berg gewandert.

MUNTANYA

Vam fer una excursió a la muntanya.

GEOGRAFIA

SEE

Der See ist sehr tief.

LLAC

El llac és molt profund.

INSEL

Wir haben ein Boot zur Insel genommen.

ILLA

Vam agafar un vaixell a l'illa.

WÜSTE

Die Wüste ist während des Tages sehr heiß.

DESERT

El desert és molt calent durant el dia.

SCHLUCHT

Die Schlucht ist atemberaubend.

CAÑÓ

El cañó és impressionant.

POLÍTICA

POLITIK

DEMOKRATIE

Demokratie ermöglicht den Menschen zu wählen.

DEMOCRÀCIA

La democràcia permet a la gent votar.

REGIERUNG

Die Regierung hat neue Gesetze erlassen.

GOVERN

El govern va fer noves lleis.

POLITIK

PRÄSIDENT

Der Präsident hielt eine Rede.

PRESIDENT

El president va donar un discurs.

WAHL

Die Wahl ist nächsten Monat.

ELECCIÓ

Les eleccions són el mes que ve.

SENATOR

Der Senator besuchte unsere Stadt.

SENADOR

El senador va visitar la nostra ciutat.

PARLAMENT

Das Parlament hat ein neues Gesetz verabschiedet.

PARLAMENT

El parlament va aprovar una nova llei.

POLÍTICA

KANDIDAT

Der Kandidat hielt eine Rede.

CANDIDAT

El candidat va donar un discurs.

KAMPAGNE

Die Kampagne war erfolgreich.

CAMPANYA

La campanya va ser un èxit.

POLITIK

Die neue Politik wurde umgesetzt.

POLÍTICA

La nova política es va implementar.

DIPLOMATIE

Diplomatie ist wichtig in den internationalen Beziehungen.

DIPLOMÀCIA

La diplomàcia és important en les relacions internacionals.

RELIGIÓ

RELIGION

KIRCHE

Wir gehen sonntags in die Kirche.

ESGLÉSIA

Anem a l'església els diumenges.

MOSCHEE

Wir besuchten gestern die Moschee.

MESQUITA

Vam visitar la mesquita ahir.

RELIGION

TEMPEL

Der Tempel ist sehr friedlich.

TEMPLE

El temple és molt tranquil.

SYNAGOGE

Wir gingen zur Zeremonie in die Synagoge.

SINAGOGA

Vam anar a la sinagoga per la cerimònia.

PRIESTER

Der Priester gab einen Segen.

SACERDOT

El sacerdot va donar una benedicció.

BIBEL

Ich lese jeden Tag die Bibel.

BÍBLIA

Llegeixo la Bíblia cada dia.

RELIGIÓ

KORAN

Sie rezitieren täglich den Koran.

ALCORÀ

Reciten l'Alcorà diàriament.

VEDEN

Sie studieren die Veden.

VEDES

Estudien els Vedes.

HYMNE

Wir sangen eine Hymne in der Kirche.

HIMNE

Vam cantar un himne a l'església.

GEBET

Wir sagten ein Gebet für den Frieden.

ORACIÓ

Vam fer una oració per la pau.

FESTIVALS

FESTE

KARNEVAL	**CARNAVAL**
Der Karneval ist sehr bunt.	El carnaval és molt acolorit.
PARADE	**DESFILADA**
Die Parade war erstaunlich.	La desfilada va ser sorprenent.

FESTE

FEUERWERK

Wir haben die Feuerwerksshow gesehen.

FOCS ARTIFICIALS

Vam veure l'espectacle de focs artificials.

KONZERT

Das Konzert war fantastisch.

CONCERT

El concert va ser fantàstic.

TANZ

Sie führten einen traditionellen Tanz auf.

DANSA

Van fer una dansa tradicional.

FESTIVAL

Das Festival hat Spaß gemacht.

FESTIVAL

El festival va ser divertit.

FESTIVALS

FESTMAHL

Das Festmahl war köstlich.

BANQUET

El banquet va ser deliciós.

FEIER

Die Feier dauerte die ganze Nacht.

CELEBRACIÓ

La celebració va durar tota la nit.

MASKE

Sie trugen Masken auf dem Festival.

MÀSCARA

Portaven màscares al festival.

LATERNE

Die Laternen erleuchteten die Nacht.

FANALET

Els fanalets il·luminaven la nit.

MITJANS SOCIALS

SOZIALE MEDIEN

BEITRAG

Ich mochte deinen Beitrag in den sozialen Medien.

PUBLICACIÓ

M'ha agradat la teva publicació a les xarxes socials.

GEFÄLLT MIR

Sie hat viele "Gefällt mir" Angaben auf ihrem Beitrag bekommen.

M'AGRADA

Ha obtingut molts m'agrades en la seva publicació.

SOZIALE MEDIEN

TEILEN

Bitte teile diesen Beitrag.

COMPARTIR

Si us plau, comparteix aquesta publicació.

KOMMENTAR

Ich habe einen Kommentar zu deinem Foto hinterlassen.

COMENTARI

He deixat un comentari a la teva foto.

FOLLOWER

Sie hat viele Follower.

SEGUIDOR

Té molts seguidors.

FREUNDSCHAFTSANFR AGE

Ich habe dir eine Freundschaftsanfrage gesendet.

SOL·LICITUD D'AMISTAT

T'he enviat una sol·licitud d'amistat.

MITJANS SOCIALS

PROFIL

Aktualisiere dein Profilbild.

PERFIL

Actualitza la teva foto de perfil.

TWEET

Er hat einen neuen Tweet gepostet.

TUIT

Ha publicat un nou tuit.

BENACHRICHTIGUNG

Ich habe eine Benachrichtigung auf meinem Handy bekommen.

NOTIFICACIÓ

He rebut una notificació al meu telèfon.

FEED

Ich habe meinen Feed überprüft.

FEED

He revisat el meu feed.

INTERNET

INTERNET

WEBSEITE	**LLOC WEB**
Die Webseite ist sehr informativ.	El lloc web és molt informatiu.
E-MAIL	**CORREU ELECTRÒNIC**
Ich habe dir eine E-Mail geschickt.	T'he enviat un correu electrònic.

INTERNET

BLOG

Ich schreibe einen Blog über Reisen.

BLOG

Escric un blog sobre viatges.

FORUM

Ich bin einem Online-Forum beigetreten.

FÒRUM

M'he unit a un fòrum en línia.

SUCHE

Ich muss nach Informationen suchen.

CERCAR

Necessito cercar informació.

LINK

Klicken Sie auf den Link.

ENLLAÇ

Fes clic a l'enllaç.

INTERNET

HERUNTERLADEN

Ich muss die Datei herunterladen.

DESCARREGAR

Necessito descarregar l'arxiu.

HOCHLADEN

Ich werde die Fotos hochladen.

PUJAR

Pujaré les fotos.

SEITE

Die Seite lädt langsam.

PÀGINA

La pàgina s'està carregant lentament.

NETZWERK

Das Netzwerk ist ausgefallen.

XARXA

La xarxa no funciona.

TELÈFON I COMUNICACIÓ

TELEFON UND KOMMUNIKATION

ANRUF

Ich werde dich später anrufen.

TRUCADA

Et trucaré més tard.

TEXTNACHRICHT

Schick mir eine Textnachricht.

MISSATGE DE TEXT

Envia'm un missatge de text.

TELEFON UND KOMMUNIKATION

SPRACHNACHRICHT

Ich habe dir eine Sprachnachricht hinterlassen.

CORREU DE VEU

T'he deixat un correu de veu.

KLINGELN

Mein Telefon hat nicht geklingelt.

SONA

El meu telèfon no ha sonat.

KONTAKT

Ich habe meine Kontaktliste verloren.

CONTACTE

He perdut la meva llista de contactes.

SIGNAL

Das Signal ist hier schwach.

SENYAL

El senyal és feble aquí.

TELÈFON I COMUNICACIÓ

NACHRICHT

Ich habe deine Nachricht erhalten.

MISSATGE

He rebut el teu missatge.

CHAT

Lass uns chatten.

XAT

Fem una xerrada.

VIDEOANRUF

Wir hatten einen Videoanruf.

VIDEOTRUCADA

Hem fet una videotrucada.

EMPFÄNGER

Der Empfänger funktioniert nicht.

AURICULAR

L'auricular no funciona.

SITUACIONS D'EMERGÈNCIA

NOTFALLSITUATIONEN

KRANKENWAGEN

Rufen Sie sofort einen Krankenwagen.

AMBULÀNCIA

Truca a una ambulància immediatament.

FEUERWEHRMANN

Der Feuerwehrmann rettete das Kind.

BOMBER

El bomber va salvar el nen.

NOTFALLSITUATIONEN

POLIZEI

Die Polizei ist hier, um zu helfen.

POLICIA

La policia és aquí per ajudar.

NOTFALL

Dies ist eine Notfallsituation.

EMERGÈNCIA

Això és una situació d'emergència.

UNFALL

Er hatte einen Autounfall.

ACCIDENT

Ha tingut un accident de cotxe.

EVAKUIERUNG

Wir mussten das Gebäude evakuieren.

EVACUACIÓ

Vam haver d'evacuar l'edifici.

SITUACIONS D'EMERGÈNCIA

ERSTE HILFE

Ich brauche einen Erste-Hilfe-Kasten.

PRIMERS AUXILIS

Necessito un kit de primers auxilis.

SANITÄTER

Der Sanitäter kam schnell an.

PARAMÈDIC

El paramèdic va arribar ràpidament.

RETTUNG

Die Rettungsaktion war erfolgreich.

RESCAT

L'operació de rescat va ser un èxit.

ALARM

Der Alarm ging los.

ALARMA

L'alarma ha sonat.

RESTAURANTS

RESTAURANTS

SPEISEKARTE

Die Speisekarte hat viele Optionen.

MENÚ

El menú té moltes opcions.

KELLNER

Der Kellner war sehr freundlich.

CAMBRER

El cambrer era molt amable.

RESTAURANTS

KOCH

Der Koch hat ein leckeres Essen zubereitet.

XEF

El xef va preparar un àpat deliciós.

GERICHT

Das Gericht war sehr schmackhaft.

PLAT

El plat era molt saborós.

TRINKGELD

Wir haben dem Kellner ein Trinkgeld gegeben.

PROPINA

Vam deixar una propina per al cambrer.

TISCH

Wir haben einen Tisch für zwei reserviert.

TAULA

Vam reservar una taula per a dos.

RESTAURANTS

BESTELLUNG

Wir möchten jetzt bestellen.

COMANDA

Ens agradaria fer la comanda ara.

RECHNUNG

Können wir bitte die Rechnung haben?

COMPTE

Podem tenir el compte, si us plau?

KÜCHE

Das Restaurant bietet italienische Küche an.

CUINA

El restaurant ofereix cuina italiana.

KOCH

Der Koch hat ein wunderbares Essen gekocht.

XEF

El xef va cuinar un àpat meravellós.

HOTELS

HOTELS

RESERVIERUNG

Ich habe eine Reservierung im Hotel gemacht.

RESERVACIÓ

He fet una reservació a l'hotel.

REZEPTION

Die Rezeption ist 24 Stunden geöffnet.

RECEPCIÓ

La recepció està oberta les 24 hores.

HOTELS

EINCHECKEN

Wir haben im Hotel eingecheckt.

CHECK-IN

Hem fet el check-in a l'hotel.

ZIMMER

Unser Zimmer ist im zweiten Stock.

HABITACIÓ

La nostra habitació és al segon pis.

SUITE

Die Suite hat eine wunderschöne Aussicht.

SUITE

La suite té una vista preciosa.

FRÜHSTÜCK

Frühstück ist im Zimmerpreis inbegriffen.

ESMORZAR

L'esmorzar està inclòs amb l'habitació.

HOTELS

LOBBY

Die Lobby ist sehr geräumig.

VESTÍBUL

El vestíbul és molt espaiós.

AUFZUG

Der Aufzug ist außer Betrieb.

ASCENSOR

L'ascensor està fora de servei.

SERVICE

Der Service war ausgezeichnet.

SERVEI

El servei va ser excel·lent.

POOL

Der Hotelpool ist beheizt.

PISCINA

La piscina de l'hotel està climatitzada.

BANCA

BANKWESEN

KONTO	COMPTE
Ich muss meinen Kontostand überprüfen.	Necessito comprovar el saldo del meu compte.

EINZAHLUNG	DIPÒSIT
Ich muss eine Einzahlung machen.	Necessito fer un ingrés.

BANKWESEN

DARLEHEN

Ich habe einen Kredit beantragt.

PRÉSTEC

He sol·licitat un préstec.

KREDIT

Ich habe eine gute Kreditwürdigkeit.

CRÈDIT

Tinc una bona puntuació de crèdit.

ZINSEN

Ich habe Zinsen auf das Darlehen gezahlt.

INTERESSOS

He pagat interessos pel préstec.

ERSPARNISSE

Ich habe ein Sparkonto.

ESTALVIS

Tinc un compte d'estalvi.

BANCA

ABHEBUNG

Ich muss eine Abhebung
machen.

RETIRADA

Necessito fer una retirada.

KONTOSTAND

Ich muss meinen
Kontostand überprüfen.

SALDO

Necessito comprovar el
saldo del meu compte.

INVESTITION

Ich habe in Aktien investiert.

INVERSIÓ

He fet una inversió en
accions.

ÜBERWEISUNG

Ich muss Geld überweisen.

TRANSFERÈNCIA

Necessito transferir diners.

IMMOBILIÀRIA

IMMOBILIEN

WOHNUNG

Ich wohne in einer Wohnung.

APARTAMENT

Visc en un apartament.

HAUS

Wir haben ein neues Haus gekauft.

CASA

Vam comprar una casa nova.

IMMOBILIEN

MIETE

Wir zahlen jeden Monat Miete.

LLOGUER

Pagarem el lloguer cada mes.

HYPOTHEK

Sie haben eine Hypothek auf ihr Haus.

HIPOTECA

Tenen una hipoteca a la seva casa.

EIGENTUM

Sie besitzen viel Eigentum.

PROPIETAT

Tenen molta propietat.

MIETVERTRAG

Wir haben einen Mietvertrag für die Wohnung unterschrieben.

LLOGUER

Hem signat un contracte per l'apartament.

IMMOBILIÀRIA

MAKLER

Der Immobilienmakler war sehr hilfsbereit.

AGENT

L'agent immobiliari va ser molt útil.

VERMIETER

Unser Vermieter ist sehr nett.

PROPIETARI

El nostre propietari és molt agradable.

MIETER

Der Mieter zahlt die Miete pünktlich.

INQUILÍ

L'inquilí paga el lloguer a temps.

MAKLER

Der Makler hat mir gute Ratschläge gegeben.

CORREDOR

El corredor em va donar bons consells.

TERMES LEGALS

RECHTLICHE BEGRIFFE

ANWALT

Der Anwalt gab mir guten Rat.

ADVOCAT

L'advocat em va donar bons consells.

VERTRAG

Ich habe den Vertrag unterschrieben.

CONTRACTE

He signat el contracte.

136

RECHTLICHE BEGRIFFE

RICHTER

Der Richter traf eine Entscheidung.

JUTGE

El jutge va prendre una decisió.

GERICHT

Das Gericht ist in Sitzung.

TRIBUNAL

El tribunal està en sessió.

ZEUGE

Der Zeuge sagte vor Gericht aus.

TESTIMONI

El testimoni va testificar al tribunal.

VERBRECHEN

Verbrechen ist ein ernstes Problem.

CRIM

El crim és un problema seriós.

TERMES LEGALS

GESETZ

Das Gesetz muss befolgt werden.

LLEI

La llei s'ha de seguir.

RECHTSANWALT

Der Rechtsanwalt vertrat den Mandanten.

ADVOCAT DEFENSOR

L'advocat defensor va representar el client.

ANGEKLAGTER

Der Angeklagte plädierte auf nicht schuldig.

ACUSAT

L'acusat va declarar-se no culpable.

URTEIL

Das Urteil wurde verkündet.

VEREDICTE

El veredicte va ser anunciat.

TERMES MÈDICS

MEDIZINISCHE BEGRIFFE

OPERATION

Die Operation war erfolgreich.

CIRURGIA

La cirurgia va ser reeixida.

REZEPT

Der Arzt gab mir ein Rezept.

RECEPTA

El metge em va donar una recepta.

MEDIZINISCHE BEGRIFFE

DIAGNOSE

Die Diagnose war schnell.

DIAGNÒSTIC

El diagnòstic va ser ràpid.

BEHANDLUNG

Die Behandlung wirkt.

TRACTAMENT

El tractament està funcionant.

IMPFSTOFF

Der Impfstoff ist sicher.

VACUNA

La vacuna és segura.

ALLERGIE

Sie hat eine Allergie gegen Nüsse.

AL·LÈRGIA

Ella té una al·lèrgia als fruits secs.

TERMES MÈDICS

SYMPTOM

Er hatte grippeähnliche Symptome.

SÍMPTOMA

Tenia símptomes similars a la grip.

OPERATION

Die Operation war ein Erfolg.

OPERACIÓ

L'operació va ser un èxit.

PATIENT

Der Patient erholt sich.

PACIENT

El pacient s'està recuperant.

KONSULTATION

Ich habe eine Konsultation mit dem Arzt.

CONSULTA

Tinc una consulta amb el metge.

MEDI AMBIENT

UMWELT

VERSCHMUTZUNG

Verschmutzung ist ein großes Problem.

CONTAMINACIÓ

La contaminació és un gran problema.

RECYCLING

Recycling hilft der Umwelt.

RECICLATGE

El reciclatge ajuda al medi ambient.

UMWELT

KLIMA

Das Klima verändert sich.

CLIMA

El clima està canviant.

ABHOLZUNG

Abholzung betrifft die Tierwelt.

DESFORESTACIÓ

La desforestació afecta la fauna.

OZON

Die Ozonschicht schützt uns.

OZÒ

La capa d'ozó ens protegeix.

ERNEUERBAR

Erneuerbare Energie ist wichtig.

RENOVABLE

L'energia renovable és important.

MEDI AMBIENT

ÖKOSYSTEM

Das Ökosystem ist vielfältig.

ECOSISTEMA

L'ecosistema és divers.

LEBENSRAUM

Der Lebensraum wird zerstört.

HÀBITAT

L'hàbitat està sent destruït.

BIODIVERSITÄT

Biodiversität ist entscheidend.

BIODIVERSITAT

La biodiversitat és crucial.

NATURSCHUTZ

Naturschutzbemühungen sind notwendig.

CONSERVACIÓ

Són necessaris els esforços de conservació.

ESPAI

RAUM

STERN Der Stern ist sehr hell.	**ESTRELLA** L'estrella és molt brillant.
PLANET Die Erde ist ein Planet.	**PLANETA** La Terra és un planeta.

RAUM

GALAXIE

Wir leben in der Milchstraße Galaxie.

GALÀXIA

Vivim a la galàxia de la Via Làctia.

ASTEROID

Ein Asteroid flog an der Erde vorbei.

ASTRE

Un asteroide va passar per la Terra.

SCHWARZES LOCH

Ein schwarzes Loch ist mysteriös.

FORAT NEGRE

Un forat negre és misteriós.

RAUMSTATION

Die Raumstation umkreist die Erde.

ESTACIÓ ESPACIAL

La estació espacial orbita la Terra.

ESPAI

SATELLIT

Der Satellit sendet Signale.

SATEL·LIT

El satèl·lit envia senyals.

KOSMOS

Der Kosmos ist riesig.

COSMOS

El cosmos és immens.

KOMET

Wir sahen letzte Nacht einen Kometen.

COMETA

Vam veure un cometa anit.

RAKETE

Die Rakete startete erfolgreich.

COET

El coet es va llançar amb èxit.

EMOCIONS I SENTIMENTS

GEFÜHLE UND EMOTIONEN

GLÜCK

Glück ist wichtig.

FELICITAT

La felicitat és important.

TRAURIGKEIT

Traurigkeit ist eine natürliche Emotion.

TRISTESA

La tristesa és una emoció natural.

GEFÜHLE UND EMOTIONEN

WUT

Wut kann schwer zu kontrollieren sein.

RÀBIA

La ràbia pot ser difícil de controlar.

ANGST

Angst kann überwältigend sein.

POR

La por pot ser aclaparadora.

LIEBE

Liebe ist ein starkes Gefühl.

AMOR

L'amor és un sentiment poderós.

ÜBERRASCHUNG

Das Geschenk war eine Überraschung.

SORPRESA

El regal va ser una sorpresa.

EMOCIONS I SENTIMENTS

AUFREGUNG

Die Kinder waren voller Aufregung.

EMOCIÓ

Els nens estaven plens d'emoció.

EIFERSUCHT

Eifersucht kann Beziehungen ruinieren.

GELOSIA

La gelosia pot arruïnar les relacions.

STOLZ

Sie fühlte Stolz auf ihre Arbeit.

ORGULL

Ella sentia orgull pel seu treball.

DANKBARKEIT

Er drückte seine Dankbarkeit aus.

GRATITUD

Ell va expressar la seva gratitud.

DANKE

Wir hoffen, dass dieses Buch eine wertvolle Ressource auf Ihrem Weg zum Erlernen einer neuen Sprache war. Ihr Engagement, Ihre sprachlichen Fähigkeiten zu erweitern, ist lobenswert und wir fühlen uns geehrt, Teil Ihrer Lernerfahrung gewesen zu sein. Wir glauben, dass das Erlernen einer Sprache Türen zu neuen Kulturen, Möglichkeiten und Freundschaften öffnet, und wir freuen uns, dass Sie diesen Schritt mit uns gegangen sind.

Wir würden gerne von Ihren Fortschritten und Erfahrungen mit diesem Buch hören. Ihr Feedback ist von unschätzbarem Wert und hilft uns, uns weiter zu verbessern und qualitativ hochwertige Ressourcen für Sprachlerner wie Sie bereitzustellen. Bitte hinterlassen Sie online eine Bewertung oder kontaktieren Sie uns mit Ihren Gedanken und Vorschlägen.

Nochmals vielen Dank für Ihre Unterstützung und Ihr Engagement. Wir wünschen Ihnen weiterhin viel Erfolg und Freude auf Ihrem Weg zum Sprachenlernen.

www.ingramcontent.com/pod-product-compliance
Lightning Source LLC
Chambersburg PA
CBHW011835020426
42335CB00022B/2831